# RÉUNION DES SAVOISIENS

TENUE

## Dimanche 25 Février 1877

RUE MICHEL-LE-COMTE, N° 36

POUR NOMMER UNE COMMISSION D'INITIATIVE
POUR L'ÉRECTION
D'UN MONUMENT A ÉLEVER A LA MÉMOIRE
DE

# GUILLAUME FICHET

Introducteur
de l'Imprimerie en France

---

PRIX : 50 CENT.

---

PARIS
TYPOGRAPHIE JULES-JUTEAU ET FILS
Passage du Caire, 29 et 31

1877

# RÉUNION DES SAVOISIENS

TENUE

Le Dimanche 25 février 1877

RUE MICHEL-LE-COMTE, N° 38

SOUS LA PRÉSIDENCE DE M. BLANCHET

ET POUR OFFRIR UNE COURONNE D'IMMORTELLES
POUR LE MONUMENT A ÉLEVER A LA MÉMOIRE
DE

## GUILLAUME FICHET

Introducteur
de l'Imprimerie en France

---

PRIX : 50 CENT.

---

PARIS
TYPOGRAPHIE JULES-JUTEAU ET FILS
Passage du Caire, 19 et 21

1877

# RÉUNION DES SAVOISIENS

TENUE

## LE DIMANCHE 25 FÉVRIER 1877

RUE MICHEL-LE-COMTE, N° 36

A l'effet de nommer une Commission d'initiative pour l'érection d'un Monument à élever à la mémoire de GUILLAUME FICHET, introducteur de l'Imprimerie en France.

M. Vitupier prend la parole pour inviter la réunion à procéder à la formation du Bureau.

Sont nommés à l'unanimité :

*Président.* — M. LEVET (André).
*Assesseur.* — M. REY (Jérémie).
    *Id.*     — M. BASTARD-BOGAIN (Jean-P<sup>re</sup>).
    *Id.*     — M.
*Secrétaire.* — M. DELÉTRAZ.

Le Bureau étant ainsi constitué, le Président ouvre la séance à 2 heures 40.

M. Rey (Joseph) demande la parole qui lui est accordée.

Messieurs et chers Compatriotes,

Je ne puis vous témoigner ma reconnaissance que par des remercîments à l'infini de l'empressement que vous avez mis à répondre à l'appel qui vous a été fait, appel tout patriotique qui fait honneur à la Savoie.

Cette réunion, aussi petite qu'elle soit, n'en sera pas moins marquée dans les annales patriotiques.

Sans abuser de votre attention, chers compatriotes, je désirerais vous adresser quelques paroles qui peut-être vous animeront d'un sentiment d'amour et d'enthousiasme pour le but que nous nous proposons, œuvre qui fera ressortir les gloires de la Savoie.

En consultant notre histoire, peu de nations n'ont la faveur de se glorifier du nom de leur nationalité comme le Savoisien, disent séparément les deux auteurs de l'*Histoire de Savoie*, MM. Jules Philippe et Victor de Saint-Genis.

Adressons-leur nos félicitations pour cette sublime pensée et leur talent, d'avoir mis à jour l'*Histoire de la Savoie* dans toute sa splendeur.

Tout Savoisien qui veut se connaître, en lisant l'*Histoire* et les *Gloires* par ces deux auteurs, peut parler et répondre pour sa Patrie.

C'est une instruction obligatoire pour tout patriote qui est animé de l'amour et de l'honneur de sa nationalité.

La Savoie, disent les auteurs, s'est élevée non-seulement pour mériter l'estime des autres nations, mais encore pour se placer au-dessus par le nombre des célébrités qui sont sorties de ses rangs, et les faits guerriers qui se sont accomplis.

En prenant notre histoire au temps le plus éloigné, lorsque les Romains franchirent les Alpes pour conquérir les Gaules, ils avaient déjà vaincu une grande partie de ces contrées, qu'ils n'avaient pas encore vaincu les Allobroges, pays de nos pères. Ceux-ci leur livrèrent des batailles pendant plusieurs années avec une ténacité tellement héroïque que leurs ennemis, pour les récompenser, faisaient graver sur leur tombeau ces deux mots : *Fortissimi Galorum* — les plus valeureux des Gaulois. — (*Il n'y a que la Savoie qui a l'honneur de porter cette épitaphe*).

La Savoie a fourni ses savants, ses littérateurs et ses guerriers; elle a semé dans le champ de la science et des arts, comme elle a arrosé de son sang les champs de batailles.

La Savoie, entr'autres, a donné le jour à celui qui a travaillé avec le plus d'énergie et de dévoûment à introduire l'art de l'imprimerie en France, à Guillaume FICHET, né au Petit-Bornand (*plus loin je donnerai son historique*); à celui qui a été le principal fondateur de l'École polytechnique à Paris, Gaspard Monge, originaire de Saint-Joire. Elle a vu sortir de ses vallées celui qui posa les premières règles précises de la langue française, Claude Favre de Vaugelas, né à Meximieux, qui faisait alors partie de la Savoie.

Elle a vu naître celui qui a écrit le premier l'histoire en français avec le plus de netteté, Claude de Seyssel

La Savoie a vu s'élever la première académie en-deçà des Alpes, l'académie florimontane d'Annecy; enfin, la France doit l'honneur à la Savoie l'*art* de parler et de s'exprimer.

La Savoie a commandé cinq fois tout ce qui regarde la chrétienté, elle a fourni cinq papes.

Ceci, Messieurs, suffirait pour faire la gloire d'une nation, mais, comme disent les auteurs, les gloires de la Savoie ne se bornent pas là. Un nombre infini d'hommes d'une intelligence supérieure sont sortis de son sein et sont allés prendre place dans le panthéon européen.

Au XVIIIe siècle, la Savoie fournissait des capitaines, non-seulement dans presque toutes les nations de l'Europe, mais dans toutes les parties du monde, jusqu'aux Indes où deux de ses enfants y portèrent la renommée du nom de

Savoyards : les généraux Leborgne et Demoz de l'Allée. En Amérique, Joseph Ducraux de Passy.

Enfin, Messieurs, je ne veux pas abuser de votre attention pour continuer à énumérer toutes les célébrités qui sont sorties de la Savoie et qui ont rendu service à la France.

Revenons donc à celui qui fut une des plus grandes gloires de la Savoie et qui est le principal sujet de notre réunion.

Voici son histoire, tirée de la Bibliographie des grands Hommes, suivie de l'introduction de l'imprimerie :

Guillaume FICHET naquit dans la première moitié du XV<sup>e</sup> siècle, au Petit-Bornand, village du Crêt. — Il appartenait à une famille illustre qui fournit plusieurs magistrats. Il fit ses premières études au collége de la Roche, et alla ensuite à Paris. — Il n'était encore que boursier et bachelier de la maison de Sorbonne quand il réclama, dans une assemblée de la Nation de France, contre la Nation de Normandie qui prétendait, à l'exclusion des trois autres (*France, Angleterre, Picardie*), avoir les 16 places de boursier dans le collége de Sorbonne. Il fut, en 1466, nommé procureur de la Nation de France, et se trouvait, en 1467, recteur de l'Université, lorsque, pendant la guerre du bien public, Louis II voulut enrôler par brigades tous les habitants depuis 16 ans jusqu'à 60 ans.

FICHET prononça un discours si énergique contre ce projet que le Roi se laissa persuader.

Ce fut aussi sous son rectorat que l'Université appela de la pragmatique (sens au futur concile). — FICHET prit avec succès le dessein pour le rétablissement des aménités, de la littérature et de la rhétorique pour l'Université.

Pendant plus de 18 ans, il donna, dans le Collége de Sorbonne, des leçons de philosophie et de rhétorique le matin, et de théologie le soir.

Ce fut FICHET qui prit la responsabilité, avec son ami

Vonstin, de l'établissement de l'imprimerie à Paris, et a été l'éditeur du premier livre imprimé à Paris.

C'est le premier cours de rhétorique qui ait été fait méthodiquement à Paris, et l'une des premières productions de l'imprimerie.

En 1483, le duc Charles se fit envoyer de Paris, par le recteur FICHET, des ouvriers imprimeurs qu'il installa à Chambéry, sous la direction d'Antoine Neyret, dont il paya les frais d'établissement.

Guillaume FICHET présente aussi cette particularité d'avoir été, dit Chevalier, composé, dicté et imprimé en Sorbonne. Voilà pourquoi l'auteur a mis à la fin : *In Parisiorum Sorbonna* — qu'il écrivit à divers savants en leur envoyant sa rhétorique. On conserve dans la bibliothèque de Turin une lettre manuscrite de FICHET à Amédée, duc de Savoie, et à ses frères, qui est un abrégé de l'*Histoire de Savoie* et une exhortation que FICHET fait à ses souverains de s'unir aux autres princes d'Italie contre les Turcs. — Gilbert, qui accorde à FICHET l'honneur d'avoir établi la rhétorique à Paris, dit aussi que cet auteur fût employé par le Roi pour être son ambassadeur auprès de ses ennemis pour traiter des affaires importantes. Il fut également l'auteur de la paix conclue avec le duc de Bourgogne.

Guillaume FICHET était un travailleur infatigable ; un homme de talent comme orateur et diplomate. Il aimait à voir le peuple s'élever par l'instruction, et il donnait l'exemple par lui-même.

Tous ses succès à nos yeux ne sauraient rien être en comparaison de la gloire immense qui était réservée à notre compatriote.

Dans le milieu du XVe siècle, Gutemberg, citoyen de Mayence, conçut l'idée de sculpter des lettres en bois pour imprimer. Il s'était associé avec deux hommes de la même ville, Schœffer et Faust, afin de perfectionner sa découverte. En 1450, ces immortels ouvriers de la pensée avaient édité un vocabulaire latin intitulé *Catholicum*. Puis, pour remédier à la perte de temps, ils avaient fabriqué des lettres mobiles en bois et d'autres en métal.

En 1457, ils avaient, entr'autres ouvrages, un psautier latin et une bible imprimés en deux couleurs, rouge et noir.

En 1469 environ, un marchand, du nom de Fuste, apporta à Paris des exemplaires de ce psautier et de cette bible, et les fit passer pour des copies exécutées sans faute.

Tout ce que Paris comptait de clercs et de copistes et autres gens de lettres s'émurent de ces prétendues copies d'un nouveau genre.

La marchandise de Fust fut déclarée sortie des mains de Belzébuth, et que le psautier et la bible avaient été écrits avec du sang d'enfant chrétien.

Le malheureux Fust fut mis en prison et traduit devant le Parlement.

Condamné à être brûlé vif, il allait être martyr de la science, sans le vouloir, lorsque heureusement le Roi apprit par FICHET la comédie ridicule qui s'était jouée devant le Parlement.

Le Roi cassa l'arrêt *(per absurdum)*, Fust sortit de prison et ses livres lui furent payés.

Par les conseils de FICHET, le Roi déclara que son intention était d'avoir une imprimerie à Paris.

La demande du Roi fut un coup de foudre pour la docte compagnie. Tous ces gros bonnets de la science de l'époque furent saisis d'épouvante à l'idée qu'il leur fallait devenir complices d'un commerce avec le diable, si toutefois ils croyaient à toutes ces sornettes. Ce qu'il y a de certain, c'est qu'aucun docteur français ne voulût prendre la responsabilité et la charge d'introduire l'imprimerie à Paris.

Deux de leurs collègues étrangers, Guillaume FICHET, né en Savoie, et Vonstin, né en Suisse, eurent seuls le courage de tenter l'entreprise. Les deux audacieux docteurs appelèrent à Paris trois élèves de Schœffere : Ulrich Gering, Martin Krantz et Michel Friburgère. Ces trois ouvriers arrivèrent à Paris. On leur donna une salle à la Sorbonne où ils placèrent leur machine diabolique. Le premier ouvrage qu'ils imprimèrent fût le *Traité de rhétorique* de FICHET.

FICHET publia ensuite un ouvrage intitulé : *Epistolai gasparini pergea mentis*, qu'il dédia à son complice Vonstin. — En français, Vonstin veut dire de la pierre.

Bien qu'ils eussent réussi dans leur entreprise, ils n'en continuèrent pas moins à être considérés comme de vrais coupables par leurs savants confrères, dont quelques-uns prévoyaient et redoutaient la transformation que la nouvelle découverte allait faire subir à la Société. FICHET et Vonstin furent outragés et subirent mille tracasseries. On ne leur laissait pas un instant de repos, de telle sorte qu'ils furent obligés de quitter la Sorbonne.

FICHET se réfugia à Rome, où il fut nommé camérier secret du Pape. Les trois ouvriers furent chassés de la Sorbonne et allèrent s'établir rue Saint-Jacques, à l'enseigne du Soleil-d'Or.

FICHET mourut à Rome, au moment où il fut proposé pour passer cardinal. Gagouin, disciple de FICHET, qui avait profité des leçons de son maître pour la rhétorique, la philosophie et la théologie, succéda à FICHET à la Sorbonne. Il fit revenir Gering avec sa machine qu'il plaça dans un atelier devant la Sorbonne.

MESSIEURS,

La récompense est une vertu qui relève les peuples. De tous les temps, les nations, même les moins civilisées, ont toujours su récompenser ceux qui leur avaient rendu des services signalés. Aussi nous ne devons pas être ingrats envers celui qui s'est élevé par son travail, son génie, son talent et l'honneur, ce mot magique de toutes les époques, inspiré par un sentiment de reconnaissance où tous les Savoisiens viendront prendre part et partager avec nous l'œuvre commencée pour élever une statue à la gloire de Guillaume FICHET, celui qui a aidé à introduire l'astre lumineux en France, c'est-à-dire le réveil des nations qui ont succédé à cette époque.

Ici, Messieurs, à tout seigneur tout honneur. Rendons hommage à Vonstin, qui a collaboré avec FICHET, qui l'a secondé dans cette entreprise et cette responsabilité périlleuses. De plus, rendons hommage à Gutemberg, celui qui a inventé l'instrument pour ouvrir la boîte à Pandore, où toutes les sciences étaient renfermées. Ce n'est pas à moi qu'il appartient d'énumérer tous les services rendus à l'humanité par celui qui a créé l'imprimerie et ceux qui ont propagé cette invention merveilleuse qui a fécondé le germe de la civilisation et renouvelé le monde ; en un mot, qui a ouvert un nouveau domaine à l'esprit humain en multipliant les livres. Par l'absence des livres, toutes les sciences étaient séquestrées par quelques privilégiés qui avaient soin d'en faire tourner tout l'avantage à leur profit.

Le reste des hommes étaient complétement dans l'ignorance, leur cerveau était comprimé dans la superstition et les préjugés, ils erraient dans les ténèbres sans avoir connaissance de la route de la vie et sans trouver la nourriture de l'esprit ; je dis la nourriture de l'esprit, c'est-à-dire la lecture qui est le développement de l'intelligence, et, par l'instruction qu'il se donne, fait avancer le progrès, qui est le bien-être du genre humain.

Par l'ignorance, une grande partie du genre humain, qu'on appelait serfs, subissait une espèce d'esclavage, ou, pour donner plus de force à cette discipline arbitraire qui était la loi de la féodalité, et pour mieux s'approprier cette obéissance de soumission d'esprit, on introduisait la terreur pour le présent et la peur pour la vie future ; mais, aujourd'hui, cette machine (*au début diabolique*) a fait merveille ; le monde a tourné dans une autre sphère. Les arts et les sciences se découvrent, se propagent, se cultivent ; c'est la lumière, c'est le progrès, c'est la liberté.

Rien n'est mystère pour celui qui veut s'instruire. Par la connaissance de vingt-cinq lettres, chacun peut se donner une certaine instruction, et l'instruction, qui est le plus bel apanage de l'homme ressort directement de la lecture qui apprend à connaître le motif de son existencce, les devoirs de la vie, et à suivre le chemin du progrès et de la civilisation.

Les amis du progrès, ceux qu'intéressent l'histoire du travail humain, trouveront un juste hommage rendu à la mémoire de celui qui a été le promoteur le plus énergique du progrès.

Guillaume FICHET a donc bien été une des plus grandes gloires de la Savoie. Aux yeux de la France et du monde entier, il a droit à l'immortalité, et, si on la lui refuse, c'est à son pays qu'appartient l'honneur de la lui faire accorder.

Enfants de la Savoie, formez des Comités dans vos communes, dans les pays étrangers, que chacun apporte son obole afin que vos noms figurent sur le catalogue de ceux qui savent récompenser le mérite.

Ce discours est chaleureusement applaudi.

---

M. Joseph Rey propose la nomination d'une Commission d'initiative de dix membres.

M Tissot propose de la porter au nombre de quinze.

Cette dernière proposition est adoptée.

Sont nommés à l'unanimité :

MM.

| | | |
|---|---|---|
| 1 | Rey (Joseph) | 143, rue Oberkampf. |
| 2 | Vittupier | 44, rue Beaubourg. |
| 3 | Bastard-Bogain (Jean-Pierre) | 22, rue Brézin. |
| 4 | Fongeallas (François-Xavier) | 10, rue du Chaume. |
| 5 | Rey (Jérémie) | 22, rue Rambuteau. |
| 6 | Bussat (Jules) | 16, rue Grenier-St-Lazare |
| 7 | Levet (Joseph) | 22, rue de la Perle. |
| 8 | Bussat (Eusèbe) | 36, rue des Jeûneurs. |
| 9 | Tournier (François) | 41, rue Fontaine-au-Roi. |
| 10 | Tissot (Pierre) | 314, rue St-Martin. |
| 11 | Bussat (Eugène) | 43, rue Myrrha. |
| 12 | Duc (Alexandre) | 18, rue des Trois-Frères. |
| 13 | Tournier (Jean) | 64-66, rue Traversière. |
| 14 | Gaillard (Adolphe) | 188, rue St-Martin. |
| 15 | Delétraz | 99, faubourg St-Denis. |

Une quête au profit des ouvriers lyonnais produit 26 fr. 65 c., pris en charge par M. Delétraz, pour en faire le versement au journal *le Rappel*.

La somme de 26 fr. 65 c. a été remise au journal *le Rappel* le mardi 27 février, et insérée dans les colonnes du numéro du 1<sup>er</sup> mars.

La séance est levée à quatre heures.

*Le Président,*

LEVET.

# RÉUNION DE LA COMMISSION D'INITIATIVE

Nommée le 25 Février 1877

POUR L'ÉRECTION D'UN MONUMENT A ÉLEVER A LA MÉMOIRE DE **GUILLAUME FICHET**, INTRODUCTEUR DE L'IMPRIMERIE EN FRANCE.

## SÉANCE DU 18 MARS 1877

Il est procédé à l'appel nominal.

Douze membres sont présents. Les trois autres se font excuser pour différents motifs.

La Commission ayant décidé se constituer en comité définitif, il est procédé à la nomination du Conseil.

Sont nommés à l'unanimité :

*Président*...... REY (Joseph).
*Vice-Présidents*. FONGEALLAS (François-Xavier).
—         BASTARD-BOGAIN (Jean-Pierre).
*Trésorier*...... VITTUPIER,
*Secrétaire*...... DELÉTRAZ.

— 12 —

Après une discussion à laquelle prennent part plusieurs membres, et dans laquelle les mérites de Guillaume Fichet sont à nouveau discutés, il reste bien entendu que ce n'est pas comme inventeur mais bien comme introducteur de l'imprimerie en France que se rattachent une grande part des mérites de Fichet ;

Qu'une carrière si noblement remplie, sous tous les rapports, ne doit pas être ignorée ;

Qu'en conséquence l'œuvre entreprise pour l'érection d'un monument à la mémoire de Guillaume Fichet suivra son cours.

Les deux rapports seront imprimés pour être mis à la disposition des Comités qui se formeront pour recueillir les souscriptions.

La séance est levée à quatre heures vingt-cinq.

Le Président,

J<sup>h</sup> REY.

Les souscriptions, avec les noms et adresses des souscripteurs, doivent être adressées à M. VITTUPIER, trésorier, rue Beaubourg, n° 44, siège du Comité, à Paris.

---

Paris, Typ. Jules-Juteau et fils, pass. du Caire, 29 et 31.

www.ingramcontent.com/pod-product-compliance
Lightning Source LLC
Chambersburg PA
CBHW061628040426
42450CB00010B/2715